Werner Krotz

Blüten des Dao

Das Daodejing in neuer Bearbeitung

Mit einem Anhang:

Gedichte im Geist des Daodejing

Werner Krotz

Blüten des Dao

Das Daodejing in neuer Bearbeitung

mit einem Anhang:

Gedichte im Geist des Daodejing

Verlag: tao.de in Kamphausen Media GmbH

Bibliographische Information der Deutschen Bibliothek:
Die Deutsche Bibliothek verzeichnet diese Publikation in der Deutschen Nationalbibliographie; detaillierte bibliographische Daten sind im Internet über http://dnb.dnb.de abrufbar.

Verlag: tao.de in Kamphausen Media GmbH, Bielefeld

Kalligraphie „Dao“: © Shibo77, Dao4-revision.svg

Druck in Deutschland und weiteren Ländern

ISBN

978-3-96240-220-4 (Paperback)

978-3-96240-221-1 (Hardcover)

978-3-96240-222-8 (e-Book)

Inhaltsverzeichnis

Vorwort zur 1. Auflage ... 11
Vorwort zur 2. Auflage ... 14
Einladung ... 15
Danksagung ... 15
Das Daodejing in neuer Bearbeitung ... 18
0. Wie es geschieht ... 18
1. Das Mysterium und das Paradoxon ... 20
2. Wu Wei ... 22
3. Einstimmung in die Ordnungen ... 23
4. Das Fass ohne Boden ... 24
5. Der Blasebalg ... 26
6. Die tiefe Talsohle ... 27
7. Das Unvergängliche im Vergänglichen ... 28
8. Die höchste Güte ... 29
9. Den Bogen nicht überspannen ... 30
10. Der Weg der Hingabe ... 31
11. Die Mitte ruht ... 33
12. Die Arten der Wahrnehmung ... 34
13. Als Mensch geboren ... 35
14. Ein Geflecht von Fäden ... 36
15. Wer ist meisterhaft? ... 37
16. Der Weise kennt zwei Wege ... 38
17. Der Weg des Vertrauens ... 39

18. Ordnung und Wirksamkeit 40
19. Den Lebensweg gestalten 41
20. Der heilige Narr 42
21. Das Urvertrauen 44
22. Hab beide Seiten im Auge 45
23. Der Mensch und sein Weg 46
24. Der Weise brüstet sich nicht 47
25. Das große Glück 48
26. Wohin kann der Mensch fallen? 49
27. Der glückliche Narr 50
28. Das Klingen des Alls 51
29. Das Spiel des Lebens 52
30. Der Umgang mit dem Bösen 53
31. Das Gesetz der Liebe 54
32. Glückliches Einswerden 55
33. Tod und Leben 57
34. So kommt man zum Lachen 58
35. Ursprung, Weg und Ziel 59
36. Fliegende Fische und tauchende Vögel 60
37. Das Herz aller Dinge 61
38. Das Pulsieren des Herzens 62
39. Das Nulle und das Eine 63
40. Das doppelte Glück 64
41. Der Tanz des Lebens 65
42. Sei wie ein leeres Blatt Papier 66
43. Alles zu seiner Zeit 67
44. Das Fördernde und das Hindernde 68

45. Innere Stille und äußeres Tun 69
46. Der Urgrund ist die Urliebe 70
47. Keime für Verständnis und Frieden 71
48. Das Tun in heiterer Stille 72
49. Sei ein Kind und ein Schwertkämpfer 73
50. Die Ursehnsucht nach Leben 74
51. Einmalig ist jede Blüte am Baum des Lebens 75
52. Bereite der Liebe einen Weg 76
53. Herz und Verstand 77
54. Entfalte deine Kraft 78
55. Die Urgeduld wartet auf dich 79
56. Fühle deine Einheit mit dem All 80
57. Fördere die Entfaltung des Lebens 81
58. Verstehen und lieben 83
59. Verbinde Himmel und Erde 84
60. Der große Weg setzt sich durch 85
61. Jedes Reich soll den Menschen dienen 86
62. Nimm Zuflucht zum Urgrund 87
63. Kleine Schritte führen zu Großem 88
64. Wer ist ein Weiser? 89
65. Der Urgrund lebt in allem 90
66. Hass und Schmerz 91
67. Mein Weg ist ein Teil des großen Weges 92
68. Handle mit anderen und für andere 93
69. Die Ausbreitung der Liebe in der Welt 94
70. Das Juwel im Inneren 95
71. Das Erkennen kommt nie ans Ende 96

72. Der goldene Weg der Mitte ... 97
73. Das Leben des Gewaltlosen ... 98
74. Hinrichtung ist nicht der richtige Weg ... 99
75. Korruption und Elend ... 100
76. Die Boten der Urliebe ... 101
77. Der Liebende und der Fordernde ... 102
78. Fließe wie das Wasser ... 103
79. Der Liebende und der Argwöhnische ... 104
80. Schaffe Gleichgewicht ... 105
81. Die ungeschminkte Wahrheit ... 106
82. Der Nutzen dieses Buches ... 107
Gedichte im Geist des Daodejing ... 109
Nachwort ... 129
Über den Autor ... 131

道 Dao

德 De

經 Jing

Vorwort zur 1. Auflage

Worte sind Symbole. Symbole sind vieldeutig. Sogar Worte, die einen einfachen Gegenstand in der Wirklichkeit bezeichnen, sind vieldeutig. Wie vielfältige Vorstellungen kann man mit Worten wie „Stuhl" oder „Bett" verbinden! Dazu kommt noch, dass es auch bei einfachen Worten Homonyme gibt. Z.B. kann es sich bei „Bett" um eine Schlafstätte oder um ein Flussbett handeln. Bereits an einfachen Worten sieht man, dass Symbole auf etwas Verborgenes hinweisen, das nie ganz aufgedeckt werden kann. Das Daodejing spielt in besonderer Weise mit der Verbindung zwischen dem Verborgenen und dem Offenbaren. Meine Bearbeitung des Daodejing setzt sich stets mit dieser Verbindung auseinander. Das Mysterium und das Paradoxon klingen dabei an.

Eine der Grundkomponenten des Daodejing ist das Wu Wei. Es kann zweierlei bedeuten:

- das Nicht-Tun im Tun, also das Tun in vollständiger Gelassenheit;
- das Tun durch Nicht-Tun, also das fördernde Werdenlassen ohne einzugreifen.

Das Kapitel 0. ist ein Geleitwort von mir.
Das Kapitel 82. über den „Nutzen" dieses Buches wurde ebenfalls von mir hinzugefügt.
Manche Übersetzer des Daodejing übersetzen das Wort „Dao", z.B. mit „Weg". Andere Übersetzer lassen es lieber unübersetzt im Text stehen, da keine Übersetzung die Bedeutungen

ausschöpfen kann. Ich habe verschiedene deutsche Worte gewählt, um vom „Dao“ zu sprechen. Auch von „Yin“ und „Yang“ spreche ich mit verschiedenen deutschen Worten.

Es ist keine einfache Sache, aus dem Chinesischen zu übersetzen. Beim Vergleich verschiedener Übersetzungen konnte ich immer wieder feststellen, wie unterschiedliche Botschaften die chinesischen Schriftzeichen transportieren. Als Beispiel nehme ich den Anfang von Kapitel 72. Richard Wilhelm übersetzt wie folgt:
„Wenn die Leute das Schreckliche nicht fürchten,
dann kommt der große Schrecken.“
Hilmar Klaus übersetzt denselben Abschnitt wie folgt:
„Menschen ohne Furcht vor Autoritäten
werden später große Autorität gewinnen.“

Als Grundlage für die eigene Bearbeitung habe ich verschiedene alte und neue Übersetzungen in die deutsche Sprache angesehen, habe aber aus keiner dieser Übersetzungen etwas wörtlich entnommen.

In meinem Leben hat es Zeiten gegeben, in denen ich versucht habe, das Daodejing durch tägliche Übung zu erfassen. Als ein Teil solcher Übung sind in den Jahren 1982/83 und 1991 ca. 200 Gedichte zum Daodejing entstanden. Zehn der 1982/83 entstandenen Gedichte sind im Anhang wiedergegeben, zusammen mit zwei Gedichten aus dem Jahr 1996. Die beiden späteren Gedichte sind auch im Geist des Daodejing verfasst, aber in einem anderen Stil und in Kleinschreibung.

Richard Wilhelm, der vielleicht berühmteste Übersetzer des Daodejing, hat „Tao Te King“ geschrieben. Doch ist heutzutage die Pinyin-Umschrift üblich geworden, da sie die Aussprache im Hochchinesischen (Putonghua) wiedergibt. Man schreibt ja heutzutage auch Beijing und nicht mehr Peking.

Diese beiden Schreibarten gibt es auch beim Namen des Mannes, der als Verfasser des Daodejing genannt wird. Es ist Laozi (Laotse, „alter Meister“). Man weiß nicht, ob er wirklich gelebt hat. Sein Leben wird nur in Legenden beschrieben. Laozi soll im 6. Jahrhundert v. Chr. gelebt haben, jedoch ist (nach Wikipedia) das Daodejing wahrscheinlich erst im 4. Jahrhundert v. Chr. entstanden beziehungsweise in seine heutige Form gebracht worden. Der aktuelle Stand der Forschung ist differenzierter und übersteigt den Rahmen dieses Vorworts.

Noch ein Wort zur Geschlechtergerechtigkeit. Ich habe überall „der Weise“, „der Gelassene“, „der Liebende“ etc. geschrieben, um mit Formulierungen wie „der/die Weise“ nicht den sprachlichen Fluss zu zerstören. Ich habe aber im Text von Kapitel 16 und Kapitel 64 darauf hingewiesen, dass der Weise ein Mann oder eine Frau ist.

Pressbaum bei Wien, 4. Juni 2008

Vorwort zur 2. Auflage

Für die zweite Auflage habe ich den Titel des Buches von „Hände weg, doch pack an“ auf „Blüten des Dao“ geändert. Außerdem habe ich das Buch nach inhaltlichen und stilistischen Kriterien durchkorrigiert. Dabei habe ich einige wesentliche Änderungen an Stellen vorgenommen, wo ich die Intention des Daodejing nicht gut getroffen hatte. In einigen Fällen war es mir möglich, den Text einfacher und direkter zu machen.

Im Anhang sind keine Gedichte zu einzelnen Kapiteln des Daodejing mehr enthalten, da ich ca. 120 davon in meinem Buch „Blätter des Dao – Gedichte zum Daodejing“ herausgegeben habe, das ebenfalls bei tao.de erschienen ist. Der Anhang enthält nun ausschließlich Gedichte im Geist des Daodejing aus meiner Feder.

Pressbaum bei Wien, 30. März 2018

Einladung

Ich lade Sie ein, sich mit mir über den Inhalt dieses Buches auszutauschen.

Meine E-Mail-Adresse: werner.krotz@gmx.net
Meine Website: www.wernerkrotz.net

Danksagung

Mein besonderer Dank gilt meiner Frau, Gerhild Krotz. Ihre präsente, geduldige und liebevolle Hilfe war bei der Erarbeitung meiner Fassung des Daodejing unentbehrlich.

Dao

Das Daodejing in neuer Bearbeitung

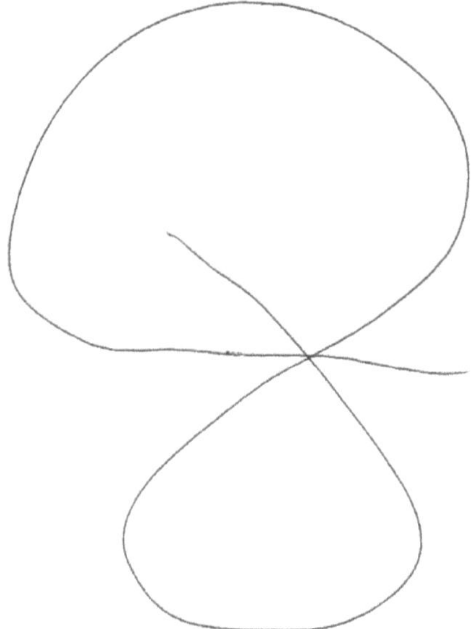

0. Wie es geschieht

Es überschneiden sich die Linien,
viele Linien.
Und viele zufällig hingeworfene Linien
treffen sich
genau in einem Punkt.

1. Das Mysterium und das Paradoxon

Die Menschen sind Instrumente
für die Wahrnehmung der Wirklichkeit
und Instrumente
für die sprachliche Aufzeichnung der Wahrnehmung.
Die Menschen sind mehr als das.
Alles, was in diesem Buch steht,
sind sprachliche Aufzeichnungen.
In der Sprache gibt es Worte,
die etwas Konkretes bezeichnen,
zum Beispiel das Wort „Apfel".
In der Sprache gibt es auch Worte,
die etwas Abstraktes bezeichnen,
zum Beispiel das Wort „Urgrund"
oder das Wort „Geheimnis".

Es gibt einen zeitlosen Urgrund in allem.
Es gibt einen Weg in allem,
der sich in der Zeit entfaltet.
Das Wortlose
ist der Urgrund von Himmel und Erde.
Das Benennende
ist die Entfaltung aller Dinge.

Wer hingebend ist,
sieht im Äußeren das Innere.
Wer zusammenraffend ist,
sieht das Äußere allein.

Der Hingebende
kann auch zusammenraffend werden.
Der Zusammenraffende
kann auch hingebend werden.
Die Zusammenschau von beiden
führt zum Geheimnis.
Das Geheimnis ist offenkundig,
wenn die beiden eins sind.
Dafür gibt es keinen Zeitpunkt,
denn es ist das Verschwinden der Zeit.

2. Wu Wei

Wer gut schauen kann,
sieht die verborgene Schönheit in allen Dingen.
Wer gut lieben kann,
sieht die verborgene Güte in allen Menschen
und trägt dazu bei,
sie zum Vorschein zu bringen.
Wer etwas wirklich sein kann,
verschwindet in diesem Etwas.
Wer etwas wirklich haben kann,
hat nichts.
Wer etwas wirklich tun kann,
der tut es nicht selbst,
sondern überlässt es dem Tun.

Der Weise erkennt das Leichte im Schwierigen,
das plötzlich Eintreffende im Langwierigen.
Jeder wird zum Lebenskünstler,
wenn er erkennt,
wie sich die Dinge ineinander fügen.
Liebe wird durch Liebe weitergegeben.
Rechtes Tun wird durch rechtes Tun weitergegeben.
Worte helfen nur,
wenn das Innere der Worte vernommen wird.
Wer in dem aufgeht, was er tut,
hat immer ein nächstes Tun.
Wer jedes Ding begrüßt
und jeden Menschen bejaht,

für den taucht in jedem Verlust
das nächste Geschenk auf.

3. Einstimmung in die Ordnungen

Wer ein Amt innehat
und die Fähigkeit besitzt,
sich für andere Menschen einzusetzen,
wird von ihnen geachtet.
Wer begütert ist
und die Fähigkeit besitzt,
die Lebensbedingungen anderer Menschen zu verbessern,
wird von ihnen geschätzt.
Wer von seinen Wünschen nicht abhängig ist,
wird mit Staunen bemerken,
wie viel ihm geschenkt wird.

Es ist sinnvoll, Großes zu denken
und die entsprechenden Pläne zu machen,
doch ohne sich überlegen zu fühlen.
Es ist heilsam, Großes zu wollen
und sich die entsprechenden Fähigkeiten anzueignen,
und doch sein Wollen loszulassen.
Der Weise stimmt sich in die Ordnungen ein.
Er bringt sie vom Inneren an die Oberfläche.

4. Das Fass ohne Boden

Der unbewegte Beweger schafft alles.
Der zeitlose Ursprung lässt alles zu.
Das Fass ohne Boden lässt alles durch sich strömen.
Es hat keinen Boden; es hat noch Wände.

Das, was keinen Boden und keine Wände hat,
lässt alles werden und vergehen.
Tief verborgen ist es stets dabei.
Es ist die Klarheit im Trüben,
die Milde in der Schärfe,
die Feuchte im Staubtrockenen,
der Schimmer im grellen Licht.
Es kommt nirgends her und geht nirgends hin.
Gerade noch lag es mir auf der Zunge.
Doch jetzt ist keine Spur davon zu finden.

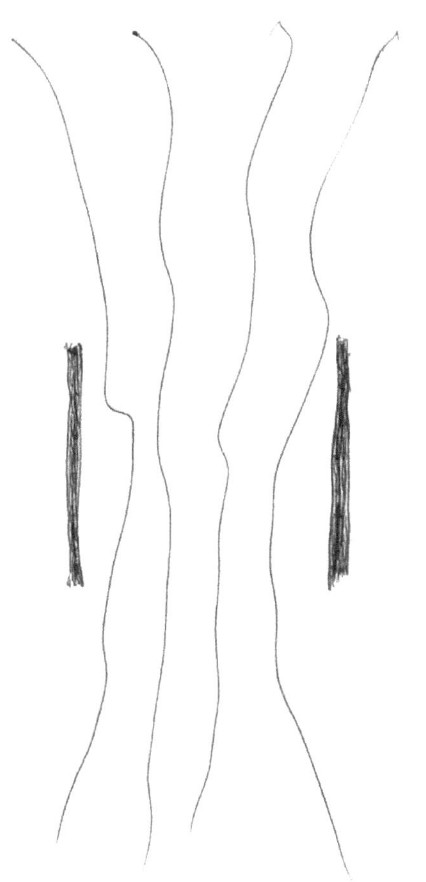

5. Der Blasebalg

Himmel und Erde blicken ungerührt auf alle Dinge.
Der Weise blickt ungerührt
und mit großer Liebe auf alle Menschen.
Würden die Emotionen der Menschen ihn rühren,
wäre sein Blick verzerrt.
Wessen Blick verzerrt ist,
der hat nicht die wahre Liebe.

Himmel und Erde haben Anteil
am Entstehen aller Dinge.
Doch wie die Dinge zustande kommen,
ist ein Geheimnis.

Ein Blasebalg ist leer,
durch ihn zieht die Luft.
So leer ist die Form eines jeden Dinges
und eines jeden Menschen.
Darum kann jeder Mensch sein Glück finden.

6. Die tiefe Talsohle

Die tiefe Talsohle wacht nicht und schläft nicht.
In ihr liegt das dunkle Tor,
durch das Himmel und Erde ins Dasein treten.
Es ist immer da und lässt geschehen.
Es ähnelt dem Weiblichen.
Lass sein Wirken zu.
Es kann niemals verlieren und niemals gewinnen.
Es kann fast nichts.
Es kann nur die Dinge zur Vollendung bringen.

7. Das Unvergängliche im Vergänglichen

Der Himmel ist vergänglich.
Doch der Himmel hat etwas an sich,
das nicht entsteht und nicht vergeht.
Die Erde ist vergänglich.
Doch die Erde hat etwas an sich,
das nicht entsteht und nicht vergeht.
Da ist der Atem, der kommt und geht,
bis er nicht mehr kommt und geht.
Da ist der Lebensatem,
der niemals kommt und geht
und immer da ist.

Der Weise beginnt,
den Lebensatem zu spüren.
Er hängt an immer weniger Dingen
und ist mit immer mehr Dingen eins.
Er spielt in dem, was er tut,
immer weniger eine Rolle,
und wie von selbst
kommen dort, wo er ist,
die Dinge in Ordnung.

8. Die höchste Güte

Die höchste Güte gleicht dem Wasser.
Das Wasser fließt überall hin.
Es dringt in feine Ritzen
und macht den Boden fruchtbar.
Wer solche Güte hat,
geht auch an Orte,
die von den Rechtschaffenen gemieden werden.
Dort, wo er lebt, ist der Gütige
ein Segen für die Menschen und für alle Dinge.
Das geht wie von selbst,
denn bei allem, was er tut,
fühlt er sich getragen.
Wenn er in sich geht,
nähert er sich der Quelle der Gelassenheit.
Wenn er zu anderen geht,
kommt er von der Quelle
und vermeidet das Streiten um des Kaisers Bart.

Worauf kommt es an?
Den Menschen mit Ehrlichkeit
und mit Schlauheit begegnen.
Den Menschen mit Gerechtigkeit und Großzügigkeit
Lebensmöglichkeiten öffnen.
Für alles, was getan werden muss,
die Kompetenz erwerben.
Alles mit Sanftheit tun

und mit Durchschlagskraft.
Das Tun nicht versäumen,
wenn die rechte Zeit gekommen ist.

9. Den Bogen nicht überspannen

Wer nicht aufhört, den Tee einzugießen,
schüttet das meiste daneben.
Wer nicht aufhört, das Messer zu schärfen,
verdirbt die Schneide.
Wer nicht aufhört, Reichtümer zu horten,
verliert die Freude daran.
Wer sich stets an die Spitze drängt,
wird irgendeinmal fallen.

Der Weise tut, was zu tun ist.
Er lehnt es nicht ab,
an die Spitze zu kommen.
Doch wenn das Werk getan ist,
zieht er sich zurück.
So ist er im Einklang mit der Art und Weise,
wie die Natur wirkt.

10. Der Weg der Hingabe

Wenn deine Hingabe groß geworden ist
und wenn du dabei bist,
das Zersplitterte in dir selbst zu einen,
und wenn du die Bruchstücke in dir selbst
als solche anerkennst,
und wenn du dann nach außen blickst
und das viele Zersplitterte überall ansiehst,
und wenn du siehst,
was allen gemeinsam ist
und was zur Einheit in der Vielfalt führen kann,
dann wird deine Sehnsucht danach unsagbar groß,
und du setzt dein ganzes Leben dafür ein,
die Einigung zu erreichen.

Je größer deine Hingabe ist,
umso mehr ähnelst du dem neugeborenen Kind,
durch dessen Fontanelle
der Atem des Unendlichen ein- und ausströmt
und aus dem alles werden kann.
Verbinde deine Einsicht
mit dem Zustand des Neugeborenseins
und lass alles zu,
was dieser fruchtbaren Verbindung entspringt.
Lass die Liebe in dir ohne Ende wachsen
und verteile diese reiche Liebe,
die in dir überfließt,

auf alle Menschen und Dinge ohne Unterschied.
Setz dich dafür ein an jedem Tag,
doch entscheide so, dass nicht du entscheidest,
sondern die Liebe in dir,
und handle so, dass nicht du handelst,
sondern die Liebe in dir.
So förderst du alles, was ist,
und machst es glücklich
und wirst selbst glücklich dabei.
Selbst wenn du vor dem unfassbaren Unglück
und der unfassbaren Gemeinheit stehst,
macht deine Liebe keinen Halt.
Du findest immer einen Weg.

11. Die Mitte ruht

Ein Haus, das nur aus Wänden besteht,
bietet keine Heimstatt;
erst wenn Türen und Fenster die Wände durchbrechen,
ist es bewohnbar.
An einem Klumpen Ton rinnt alles ab;
erst wenn der Ton zu einem Krug geformt ist,
kann er das Wasser aufnehmen.
Die Speichen des Rades treffen sich bei der Nabe;
erst wenn die Achse die Nabe durchdringt,
kann das Rad sich drehen.
Die Öffnung bewirkt, dass man Licht hat
und ein- und ausgehen kann.
Die Form bewirkt, dass man Wasser hat
und seinen Durst stillen kann.
Das Rad dreht sich um die Mitte
in rasendem Lauf;
die Mitte ruht.

12. Die Arten der Wahrnehmung

Die Oberfläche verführt.
Die Tiefe führt zum Verständnis.
Farben, Töne und Gerüche
können die Menschen manipulieren.
Doch erst die Tiefendimension
zeigt die Ganzheit der Dinge.
Wer die Ganzheit wahrnimmt,
nähert sich der Wahrheit.
Wer sich zur eigenen Tiefe geöffnet hat,
wer selbst zu einer Ganzheit geworden ist,
wer immer wieder in sich ruhen kann,
kann die Dinge immer tiefer wahrnehmen.
Es ist ein Geschenk.
Niemand kann es erzwingen.

Die eine Frau trägt kostbaren Schmuck.
Die andere Frau weiß nicht,
wo sie das Essen für ihre Kinder hernehmen soll.
So entsteht ein Ungleichgewicht.
Der Weise setzt sein Leben ein,
um das Gleichgewicht wiederherzustellen.

13. Als Mensch geboren

Wer als Mensch geboren ist,
kann ein Bild von sich machen
und sich dadurch einengen,
kann sich mit anderen Menschen vergleichen
und so zum eigenen Unglück beitragen.
Der Weise lässt alle Bilder fahren
und alle Vergleiche bleiben.

Wer Gnade und Ungnade erwartet,
lebt in ständiger Angst.
Wer Liebe und Hass erwartet,
lebt in ständiger Sorge.
Wer nichts erwartet,
kann ein Magnet der allumfassenden Liebe werden.
Wo die Liebe fehlt
durch die Schuld von Menschen,
dorthin kann er sie strömen lassen.

Die vollständige Hingabe
ist ein Jungbrunnen für den, der sich hingibt,
und eine Quelle für die, die ihm begegnen.
Wer sich immer mehr hingibt,
wird immer lebendiger
und trägt immer mehr zum Leben der anderen bei.
Ohne krampfhafte Bemühung
sorgt er für alle Menschen und alle Dinge.

14. Ein Geflecht von Fäden

Schau auf seine Form – doch du siehst es nicht.
Hör auf seinen Ton – doch du hörst es nicht.
Greife danach – doch du hältst es nicht.
Es ist hinter den Sinneseindrücken,
hinter den Worten,
hinter den Gedanken.
Vorne ist das Reichhaltige.
Dahinter ist das Reichhaltige als das Eine.
Sei nicht darauf aus,
es dahinter wahrzunehmen,
denn dort ist es nicht.
Du kannst es atmen,
du kannst es leben.
Es ist der Weg der Menschen und Dinge.
Es ist ein Geflecht von Fäden.
Hast du die Nase am Geflecht,
bist du verwirrt.
Trittst du zurück,
entfaltet sich das wunderschöne Muster.

15. Wer ist meisterhaft?

Stets gab es Menschen, die Meister genannt wurden.
Stets gab es Menschen, die meisterhaft waren.
Wer lässt sich Meister nennen?
Wer ist meisterhaft?
Aus dem Schweigen kommend,
von der Liebe gesandt,
umsichtig bei jeglichem Tun,
sorgend für alle und alles,
Frische schenkend,
Leben spendend,
Wege zeigend,
ohne viel zu reden
und ohne den Finger zu heben,
manchmal auch hergenommen,
wenn die Verzweiflung anderer mitzutragen ist,
doch geborgen in dem,
aus dem man nicht fallen kann.
Das nennt man nicht meisterhaft,
man benennt es gar nicht.

16. Der Weise kennt zwei Wege

Die Gedanken und Gefühle kommen und gehen.
Gut ist es, wenn der Durchfluss nicht verstopft ist.
Dinge und Menschen kommen und gehen.
Wer sie nicht festhält,
findet zur Gelassenheit.
Der Gelassene behandelt Menschen und Dinge
mit Sorgfalt und Achtsamkeit.
Er ist im Frieden.
Durch seine Gegenwart wird der Frieden gefördert.
Er ist voll Liebe.
Durch seine Gegenwart wird die Liebe in anderen freigesetzt.
Er meidet die Zynischen und die Verzweifelten nicht.
Sein Wirken kann auch Widerspruch und Hass hervorrufen.

Der Weise kennt zwei Wege:
den Weg des Rückzugs in die Stille
und den Weg des Zugehens auf die Welt.
Wenn der Weise tätig wird,
so fördert sein Tun die Menschen,
es behindert sie nicht.
Der weise Mann ist sanft und entschlossen.
Die weise Frau ist sanft und entschlossen.

17. Der Weg des Vertrauens

Wer sich dem Höchsten geöffnet hat,
erhält Klarheit in vielen Dingen
und Leichtigkeit in allen Dingen.
Dabei wird sein Vertrauen unerschütterlich.
Wenn er vom Leben hart angepackt wird,
entzieht er sich nicht.
Dabei wächst sein Schutz.
Wer es nicht fertigbringt,
sich so weitgehend zu öffnen,
wird von den Dingen hin- und hergezogen.
Wer nicht genug vertrauen kann,
beschneidet seine Möglichkeiten.
Wer nicht genug lieben kann, sagt:
„Die Welt ist schlecht."

18. Ordnung und Wirksamkeit

Glücklich ist,
wer mit dem Ursprung verbunden ist.
Segensreich ist,
wer aus dieser Verbindung wirkt.
Wer dem Höchsten hingegeben ist,
spürt im Chaos die Ordnung,
fühlt im Irrsinn den Sinn.
Wer weniger Hingabe hat,
versucht sein Leben zu ordnen,
so gut er kann,
und das ist nicht so gut.

19. Den Lebensweg gestalten

Die Natürlichkeit erwerben,
ohne sich darum zu bemühen,
die Freundlichkeit entfalten,
ohne künstlich zu wirken,
die Gescheitheit erlangen,
ohne arrogant zu werden,
voll Mitgefühl handeln,
ohne aufdringlich zu sein:
das tut den Menschen gut.

Mit dem, was von innen aufblüht,
und dem, was von außen herangetragen wird,
spielen
und in diesem Spiel den eigenen Lebensweg gestalten:
das ist der richtige Weg.

20. Der heilige Narr

Was ist aus meinem Wunsch geworden,
Eindruck zu machen?
Was ist aus meiner Angst geworden
vor dem morgigen Tag?
Dieser Wunsch und diese Angst -
sind sie wirklich ganz weg?
Wenn es so ist,
geschah es nicht ohne Hilfe.

Gibt es einen Menschen,
der immer ja sagt,
wenn ein Ja erforderlich ist,
und immer nein sagt,
wenn ein Nein notwendig ist?
Gibt es einen Menschen,
der vollständig gut ist,
oder einen Menschen,
der vollständig schlecht ist?
Es gibt Menschen,
die sich darüber eine Meinung bilden.
Das mache ich nicht mehr.
Meine Meinung lass ich mir vom Wind schenken,
der nach eigenen Gesetzen weht,
oder von den Wellen,
die mit dem ganzen Ozean verbunden sind.

Wie ein Neugeborenes bin ich geworden,

das staunend zum ersten Mal die Welt sieht.
Wie der Mond bin ich geworden,
der nichts besitzt außer dem Licht der Sonne.
Manche Menschen
nennen mich einen Narren,
doch andere Menschen
nennen mich einen heiligen Narren.

Das große Väterliche gibt allen Menschen Halt.
Das große Mütterliche nährt alle Menschen.
Es gibt Menschen, die das nicht beachten.
Ich beachte es und bin dankbar dafür.

21. Das Urvertrauen

Das, was keine Hände hat, um zu greifen,
rührt mich an.
Das, was keinen Mund hat, um zu sprechen,
verrät mir Geheimnisse.
Es kann nicht festgehalten und nicht erklärt werden.
Es ist in der Dunkelheit und im Licht.
Es bewegt das Wasser und das Feuer.
Es zeugt die Form und gebiert den Inhalt.
Es schafft Bilder und löst sie wieder auf.
Es schenkt den Menschen das Urvertrauen.

Wie elend sind die Menschen,
die aus dem Vertrauen fallen.
Wie glücklich sind sie,
wenn sie es wieder gewinnen.
Voll Freude und Dankbarkeit begrüßen sie die Quelle.

22. Hab beide Seiten im Auge

Hab immer beide Seiten im Auge.
Sei nachgiebig wie das Wasser
und zielstrebig wie das Feuer.
Sei demütig und fest.
Schenke dich den Menschen,
und du wirst erneuert.
Klammere dich nicht an Dinge,
sondern vertraue darauf,
dass du alles bekommst, was du brauchst.
Werde ganz zur offenen Hand,
die segnet und hilft.
Wenn du Elend siehst,
dann gib etwas von dir.
Wenn du Unglück siehst,
dann heile und tröste.
So bist du ein Beispiel für viele.

Der Weise ist nicht eitel
und stellt sich nicht zur Schau.
Er vermeidet jeden Prunk.
Er sucht keinen Streit,
doch er nimmt sich kein Blatt vor den Mund.
Wenn sein Auftreten dazu führt,
dass die Reichen und Mächtigen um ihre Privilegien bangen,
wird es für ihn gefährlich.

23. Der Mensch und sein Weg

Der Weise macht wenig Worte.
Doch er beherrscht die Kunst,
das goldene Wort zur rechten Zeit zu sagen.
Der Ursprung hält und trägt ihn.
Er spürt das nicht immer,
doch er vertraut immer darauf.
Wie wird ein Mensch zum Weisen?
Dafür gibt es kein Rezept.
Wann wird ein Mensch zum Weisen?
Dafür gibt es keinen Zeitpunkt.

Der Mensch kommt von seinem Weg ab
und findet ihn wieder.
Nachher fragt er sich:
Habe ich den Weg je verloren?
Der Weg liegt nicht immer im Licht.
Manchmal liegt er im Dunkel.
Der Weg ist nicht immer offenbar.
Manchmal ist er verborgen.
Der Weg ist für den Menschen ein herrliches Geschenk.
Er ist ganz für ihn bestimmt.
Nur wenn der Mensch das volle Vertrauen lernt,
sagt er ein volles Ja.

24. Der Weise brüstet sich nicht

Ein Blitz, der vom Himmel fällt.
Die bergende Dunkelheit danach.
Der berstende Donner.
Die tiefe Stille danach.
Der Weise brüstet sich nicht.
Er lebt mit dem Blitz und der Dunkelheit.
Er atmet mit dem Donner und der Stille.
Er geht mit den Schritten des Tänzers
und den Schritten des Bergsteigers.
Er ruht in der saftigen Wiese
und der unfruchtbaren Wüste.
Er hat keine Berührungsängste,
doch er geht nirgends auf den Leim.

25. Das große Glück

Das große Zeugende und das große Gebärende,
sie waren schon da,
bevor Himmel und Erde entstanden.
Diese Bezeichnungen sind Bilder
für das offenkundige Geheimnis,
für das große Glück.

Aus der Leere kommt die Fülle.
Die Keime sind winzig
und werden oft übersehen.
Das Entstehen und Vergehen
ist die Daseinsweise der Natur.
Die Natur ist eingebettet in etwas,
das nicht entsteht und vergeht.
Ich nenne es die große Natur.

Im Blütenstaub lebt die Natur
und die große Natur.
Im Menschen lebt die Natur
und die große Natur.
Wenn der Mensch und der Blütenstaub für dich eins wird,
erfährst du das große Glück.

26. Wohin kann der Mensch fallen?

Wenn sich das Schwierige dahinschleppt,
wenn das Bewegte voll Unrast ist,
wenn das Harmonische mit dem Disharmonischen kämpft,
ist ein verkrampfter Zustand erreicht.
Wenn sich das Schwierige mit Leichtigkeit darstellt,
wenn das Bewegte die Ruhe weg hat,
wenn das Harmonische nicht vor dem Disharmonischen
zurückschreckt,
ist ein gelöster Zustand erreicht.

Ist es denn möglich,
die eigene Bestimmung zu verfehlen,
entwurzelt zu werden und zu vertrocknen?
Wenn der Mensch fällt,
wohin kann er denn fallen,
wenn nicht dorthin, wo er endlich geborgen ist?

27. Der glückliche Narr

Wenn der glückliche Narr durchs Land geht,
so blühen auf seinen Fußspuren die Blumen auf.
Wenn der glückliche Narr ein Haus betritt,
so strömt aus seinen Händen der Nektar der Liebe.
Er besitzt nur wenig.
Wenn er Schönes erlebt,
so freut er sich.
Wenn ihm Schreckliches widerfährt,
so wartet er vertrauensvoll,
was daraus wird.

Alle Menschen, die ihm begegnen,
sind für ihn wertvoll.
Auf alle Dinge, die ihm in die Hände fallen,
gibt er acht.
Wie eine Lerche,
die hoch oben schwirrt und jubiliert,
spürt er den Ursprung von allem.
Er teilt die Menschen nicht ein
in gute und böse,
in anständige und unanständige.
Er kann beraubt werden,
er kann enttäuscht werden,
doch alles das sind für ihn kleine Fische
gegenüber dem unfassbar großen Geschenk des Lebens.

28. Das Klingen des Alls

Wenn du eine Frau bist:
Entfalte nicht nur das Aufnehmende,
sondern auch das Eindringende.
Wenn du ein Mann bist:
Entfalte nicht nur das Eindringende,
sondern auch das Aufnehmende.
Was du auch bist,
fließe mit dem Strom des Universums,
klinge mit dem Klingen des Alls,
lass dich immer wieder erneuern.

Sei hell und lebe aus dem Dunkel.
Sei dunkel und lass das Helle erstrahlen.
Überrasche die Menschen durch deine Neugeburt.
Sei das Tal, das alles verbirgt.
Sei der Berg, der alles eröffnet.
Sei das Komplizierteste in einfacher Schlichtheit.
So kannst du das Leben genießen
und der Welt nützen.

29. Das Spiel des Lebens

Was kann das heißen, die Welt verbessern?
Wer die Gesetze der Natur verbessern will,
wird daran scheitern.
Wer die Gesetze der Natur klug anwendet,
wird Erfolg haben.
Wer die Rechtsordnungen der Menschen verbessern will,
muss sich an den Gesetzen der Natur ein Beispiel nehmen.

Das Weltall ist vergänglich,
doch es ist von Heiligkeit durchtränkt,
von Heiligkeit und Unvergänglichkeit.
Wer das einmal verstanden hat,
wird jedes Sandkorn und jeden Wassertropfen ehren.
Er wird den unbedeutendsten Menschen ebenso achten
wie den höchsten Würdenträger.
Der Fischverkäufer ist innen ein König.
Der König ist innen ein Stallknecht.

Halte deine Position nicht fest,
werde nicht zur Kleiderpuppe.
Wenn Flut ist, klatscht die Brandung an die Mole.
Wenn Ebbe ist, liegen die Felsen frei.
Das Schiff liegt einmal im sicheren Hafen,
ein anderes Mal kämpft es mit dem Sturm.
Sei alles in allem
und spiele das Spiel des Lebens.

30. Der Umgang mit dem Bösen

Es ist nicht gut,
nur die eigene Position zu sehen,
nur die eigene Volksgruppe,
nur die eigene Religion.
Der Weise vertritt seine Position,
seine Volksgruppe,
seine Religion,
doch er überblickt alle Positionen,
alle Volksgruppen,
alle Religionen.
Wenn es einen Konflikt gibt,
lässt er Raum für alles.
Alles will atmen, leben und sich entfalten.

Was tun, wenn sich das Böse entfalten will,
das Unterdrückerische,
das alles erdrosselt,
was ihm im Weg steht?
Der Weise geht dem Bösen auf den Grund.
Er findet dort enttäuschte Sehnsucht
und zurückgewiesene Liebe
und vorenthaltene Lebensnotwendigkeiten.
Er geht daran, das alles bloßzulegen,
und versäumt nicht,
die Menschen vor dem Bösen zu schützen.
Wenn es ihn das Leben kostet,

so ist doch ein Samen gesät.

31. Das Gesetz der Liebe

Das Universum kennt verschiedene Gesetze.
Das Gesetz des Stärkeren führt dazu,
dass eine Gattung aufblüht und dominiert.
Doch wenn sie überhand nimmt,
zerstört sie ihre eigenen Lebensgrundlagen.
Wenn Menschen die Natur zerstören,
wenn Völker einander zerstören,
so handeln sie nach dem Gesetz des Stärkeren.
Sie streben nach Macht und Besitz
und handeln oft aus Angst
und nehmen das Gesetz der Liebe nicht wahr.
Wer das Gesetz der Liebe anwendet,
handelt aus Vertrauen
und fördert jedes Detail,
damit es nicht verloren geht.

Das Gesetz des Stärkeren kann nicht abgeschafft werden.
Doch die Handlungen des Weisen führen dazu,
dass das Gesetz der Liebe
das Gesetz des Stärkeren immer mehr durchdringt
und verwandelt.

32. Glückliches Einswerden

Der Ursprung von allem
kann nicht benannt und nicht erklärt werden.
Er hat kein Wesen und keine Eigenschaften.
Er hat kein Sein und kein Nichtsein.
Er hat kein Wirken und kein Nichtwirken.
Man kann ihn nicht in den Dienst nehmen.
Man muss ihm dienen.
Wer ihn in den Dienst nehmen will,
wird zum Zauberlehrling,
dem die Wirkungen entgleiten.
Wer ihm dienen will,
stellt erstaunt fest,
dass er erst jetzt zu sich selbst kommt.

Wer sich vom Ursprung formen und beleben lässt,
für den neigt sich der Himmel zur Erde
und lässt köstlichen Nektar auf ihn fallen.
Er wird geordneter und doch freier.
Er erhält mehr Anleitungen und ist doch mehr selbstbestimmt.

Glücklich ist der Mensch, der erfasst,
dass er wie ein Fluss ist,
der in den Bergen entspringt
und seinen Weg zum Meer nimmt,
der mit dem Meer eins wird
und doch zur Quelle zurückkehrt.

Glücklich ist der Mensch, der mehr und mehr
mit der Quelle eins wird
und mit dem Fluss und dem Meer
und mit den Wolken und dem Regen;
der mehr und mehr eins wird mit dem,
das alles in allem ist.

33. Tod und Leben

Wenn der Weise einen Menschen anschaut,
so spürt er, was diesen Menschen bewegt.
Wenn der Weise in sich hineinschaut,
so spürt er, was ihn selbst bewegt.
Der Weise will keinen Menschen kleinkriegen.
Er will, dass in ihm selbst und in anderen Menschen
das Bittere aufgelöst wird.
Er will, dass alles, was ihn selbst und andere Menschen bewegt,
zur Entfaltung kommt.

Jeder Stamm und jedes Volk
passt sich dort, wo sie sind, den Lebensbedingungen an.
Doch wehe, wenn Machtgier und Besitzgier intervenieren.
Wehe, wenn Menschen vertrieben werden.
Wer kann die Verzweiflung der Mutter ermessen,
die zu wenig Nahrung für ihre Kinder hat?
Wer setzt alles daran,
um solche Situationen ins Lot zu bringen?
Wer kann Weisheit und Kühnheit verbinden?

Alle Menschen sitzen in demselben Boot.
Alle Menschen gehen auf den Tod zu,
doch er kann ihr Leben nicht beenden.

34. So kommt man zum Lachen

Der große Ursprung ist ganz leer;
er hat nichts.
Der große Ursprung ist die Fülle;
er gibt alles.
Da ist ein Leersein, so erfrischend.
Da ist eine Fülle, so überströmend.

Wenn das vergessen wird,
macht sich Undankbarkeit breit.
Dann hortet man Dinge
und leidet an Verstopfung.
Dann ist man nie zufrieden.

Und doch ist in jeder Situation,
auch wenn sie gestört ist,
auch wenn kein Gleichgewicht herrscht,
dieses Namenlose enthalten,
das kein Etwas ist und kein Nichts,
wie eine kühle Brise an einem heißen Tag.
Wer sie wahrnimmt, kann sich besinnen
und zu lachen beginnen.

35. Ursprung, Weg und Ziel

Wenn du vom Ursprung her lebst,
kommen die Leute zu dir.
Die einen sagen:
Dieser Mensch gibt uns Zuversicht;
es sollte mehr Menschen geben wie ihn.
Die anderen sagen:
Dieser Mensch gefährdet unsere Privilegien;
man sollte ihn beseitigen.
Die einen sagen:
Aus seinem Mund kommt Musik.
Die anderen sagen:
Aus seinem Mund kommt Propaganda.

Wenn du vom Ursprung her lebst,
kannst du nicht festgelegt werden.
Niemand kann wissen,
was dir als nächstes einfällt.

Das Namenlose,
es ist nicht verborgen und es ist nicht offenbar.
Es ist nicht Ursprung, Weg und Ziel.
Es lässt sich so nennen,
doch es lacht über alle Namen.
Es ist großzügig und hört niemals auf,
dich zu beschenken.

36. Fliegende Fische und tauchende Vögel

Der Mond nimmt zu;
dann nimmt er wieder ab.
Der Fluss tritt über die Ufer;
dann wird er wieder zum Rinnsal.
Die Bäume treiben im Frühjahr neue Blätter;
im Herbst fallen die Blätter zu Boden.
Die Frau empfängt ein Kind in ihrem Schoß;
dann gebiert sie es.
Man findet viele Zeichen
für Werden und Vergehen und neues Werden,
für Empfangen und Geben und wieder Empfangen.

Der Fluss höhlt den Felsen;
so besiegt das Weiche das Harte.
Der Schmiedehammer gibt dem glühenden Eisen die Form;
so besiegt das Harte das Weiche.
Das Wasser ist das Element der Fische.
Die Luft ist das Element der Vögel.
Doch es gibt fliegende Fische und tauchende Vögel.
Die Dinge lassen sich nicht festlegen.

37. Das Herz aller Dinge

Das Herz aller Dinge schlägt und schlägt.
Das Urherz ruht.
Wer das erfasst, kommt aus der Stille
und tut zur rechten Zeit die rechten Dinge.
So trägt er bei zum Gleichgewicht des Universums.
Wer das nicht erfasst,
wer hastig etwas durchsetzen will,
stört das Gleichgewicht der Dinge
und provoziert den Widerstand.
Wer alles loslässt und nichts festhält,
fördert die Menschen
und dient dem Ganzen.

38. Das Pulsieren des Herzens

Wer gut sein will, strengt sich an.
Wer lieben will, hat Mühe damit.
Wer einwilligt, dass ihn die Güte erfasst,
hat nichts in Händen und streut Blumen aus.
Wer einwilligt, dass ihn die Liebe erfasst,
kann nicht anders als zu lieben.
Sein Herz wird weit.

Wer sich selbst für bedeutend hält,
hat immer etwas zu verteidigen.
Wer sich seine Bedeutung schenken lässt,
tritt ungezwungen auf.
Sein Herz wird weit.

Wenn er erschrickt,
wenn er vernachlässigt wird,
wird sein Herz wieder eng,
doch das dauert nicht lang.
Die Enge ist seine Fremde,
die Weite ist sein Zuhause.
Das nennt man das Pulsieren des Herzens.

39. Das Nulle und das Eine

Das Nulle liegt dem Einen zugrunde.
Das Eine liegt dem All zugrunde.
Die Schwere ist in der Leichtigkeit gegründet.
Die Leichtigkeit ist in der Nichtigkeit gegründet.

So werden Himmel und Erde am Leben erhalten.
So werden Geist und Materie ineinander verflochten.
So werden Raum und Zeit auseinandergefaltet.
So wird das Entstehen und Vergehen
aller Menschen und Dinge in Szene gesetzt.
Entstehen und Vergehen gibt es nur in Raum und Zeit.
Doch Menschen und Dinge sind Kinder des Einen
und Enkelkinder des Nullen.

Der Weise ist wie eine Zwiebel.
Jeder Mensch ist wie eine Zwiebel.
Man schält den Stolz, und darunter ist die Demut.
Man schält die Demut, und darunter ist nichts mehr.
Man schält den Hass, und darunter ist die Liebe.
Man schält die Liebe, und darunter ist nichts mehr.
Glücklich ist, wer sich so schälen lässt.

40. Das doppelte Glück

Das Urherz zeugt und gebiert das Herz.
Das Herz schlägt und schlägt,
es atmet aus und es atmet ein.
Alle Menschen und Dinge atmen aus diesem Atem.
So sind sie glücklich.
Alle Menschen und Dinge werden vom Atem losgebunden.
So sind sie doppelt glücklich.

41. Der Tanz des Lebens

Wenn der Weise den großen Ursprung spürt,
wird er ehrfürchtig und schweigt.
Wenn der Narr den großen Ursprung spürt,
wird er ausgelassen und lacht.
Ehrfurcht und Ausgelassenheit reichen einander die Hand
zum Tanz des Lebens.

Das Lichte und das Dunkle,
das Leichte und das Schwere,
das Hohe und das Tiefe,
das Volle und das Leere,
das Blanke und das Fleckige,
das Schwache und das Starke,
sie alle reichen einander die Hand
zum Tanz des Lebens.

Erst tanzt du einen Tanz,
dann tanzt du alle und förderst sie.
Erst lebst du aus dem Namenlosen,
dann bist du das Namenlose.

42. Sei wie ein leeres Blatt Papier

Aus der Leere bildet sich die Einheit heraus.
Sie ist das einigende Prinzip in allem.
Aus der Einheit bildet sich die Zweiheit heraus.
Sie ist das Väterliche und das Mütterliche.
Hier gibt es keinen Vorrang.
Das Väterliche und das Mütterliche
bringen zusammen das Kindliche hervor
und damit das All.
Das All ist unendlich in der Größe
und unendlich in der Kleinheit.
Daher ist auch seine Ordnung unendlich,
ein unendliches Zusammenspiel von Ordnungen.
Dieses Zusammenspiel nennen wir Chaos.

Jedes Ding trägt das Väterliche und das Mütterliche in sich.
In ihm wirken Hitze und Kälte,
Licht und Schatten,
Tag und Nacht,
Feuer und Wasser,
Berg und Tal zusammen.

Habe keine Meinung von dir.
Halte dich nicht für bedeutend und nicht für unbedeutend.
Sei wie ein leeres Blatt Papier,
auf das alles geschrieben werden kann.
Auf dich wird das geschrieben,
was nur bei dir geschrieben werden kann,

allgemeingültig und unverwechselbar.

43. Alles zu seiner Zeit

Das Leben Spendende wirkt im Harten
und es wirkt im Weichen;
es unterscheidet nicht.
Das Leben Spendende antwortet gemäß dem,
was es vorfindet.
Dem Widerspenstigen antwortet es mit verborgenen
Geschenken.
Dem Formbaren antwortet es mit offensichtlichen Geschenken.

Wenn dein Tun etwas bewirkt,
so nennt man das einen Schritt.
Wenn deine Anwesenheit etwas bewirkt,
ohne dass du etwas tust,
so nennt man das einen großen Schritt.
Wenn deine Worte etwas erklären,
so nennt man das eine Lehre.
Wenn du ohne Worte etwas erklärst,
so nennt man das eine große Lehre.
Doch lege dich nicht auf eine Methode fest.
Alles zu seiner Zeit.

44. Das Fördernde und das Hindernde

Schau auf dich und nicht auf deine Bedeutung.
Schau auf dich und nicht auf deinen Besitz.
Wenn du darauf aus bist, dich immer abzusichern,
ist es für dich heilsam,
wenn dir die Mittel dazu genommen werden.
Das zu erlangen, was dich fördert,
ist ein Glück für dich.
Das zu verlieren, was dich hindert,
ist ein Glück für dich.
Wenn du die Geschenke und Verluste dankbar annimmst,
entfaltet sich deine Zufriedenheit.
Diese Weisheit gilt immer,
außer wenn der blanke Hass ausbricht.
In solchen Situationen tue, was du kannst,
und verzeihe, so viel du nur kannst.

45. Innere Stille und äußeres Tun

Ein vollkommenes Werk gelingt,
wenn man die Vollkommenheit nicht erzwingen will.
Ein vollkommenes Geschenk gelingt,
wenn man nicht gefallsüchtig ist.
Große Weisheit erlangt,
wer nicht weise sein will.
Große Überzeugungskraft erlangt,
wer andere nicht breitschlagen will.
Große Wirksamkeit entfaltet,
wer nicht berechnend ist.

Wenn es kalt ist,
muss man sich viel bewegen.
Wenn es heiß ist,
muss man mit Bewegungen sparsam sein.
Allein die innere Stille
lässt äußeres Tun wachsen und gedeihen.

46. Der Urgrund ist die Urliebe

Wenn der Kampfgeist erobern will,
kommt es zum Krieg.
Wenn der Kampfgeist unterdrücken will,
kommt es zum Untergrundkampf.
Wenn der Kampfgeist ertüchtigen will,
kommt es zum friedlichen Wettkampf.
Der Urgrund lässt alles zu.
Die Kräfte können so oder so gebündelt werden,
zur Förderung oder zur Vernichtung des Lebens.
Doch da der Urgrund die Urliebe ist,
wird die Liebe den Hass überdauern.

Wer immer mehr haben will,
wer nur an sich selbst denkt,
schafft Ungleichgewicht.
Wer mit wenigem zufrieden ist,
wer an das Ganze denkt,
schafft Gleichgewicht.

47. Keime für Verständnis und Frieden

Wer nie sein Haus verlässt,
kann die Natur nicht spüren.
Wer nie zum Himmel blickt,
kann die Gesetze der Sterne nicht entdecken.
Wer nie in ein fremdes Land reist,
kann andere Völker nicht verstehen.
Bringe das Spüren der Natur in dein Haus.
Bringe das Sternenwissen auf die Erde.
Bringe das Verstehen anderer Völker in dein Land.
So legst du Keime für Verständnis und Frieden.

48. Das Tun in heiterer Stille

Wer alles bewertet,
dessen Erfahrung ist eng.
Wer aufmerksam ist, ohne zu bewerten,
dessen Erfahrung ist weit.
Wer pflichteifrig ist, ist angestrengt in seinem Tun
und seine Wirkung ist gering.
Wer großzügig ist, ist ungezwungen in seinem Tun
und seine Wirkung ist groß.

Wenn eine glückliche Mutter dabei ist,
für ihre Familie zu sorgen,
so ist im Tun ihrer Hände die heitere Stille enthalten.
Wenn ein Herrscher die Potenzen und Synergien
in Natur und Menschenwelt sich entfalten lässt,
lenkt er sein Reich zum Besten aller.

49. Sei ein Kind und ein Schwertkämpfer

Der Weise hat ein weites Herz.
Alle Menschen haben darinnen Platz.
Er ist gut zu den Menschen,
die ihm Gutes tun.
Er ist auch gut zu den Menschen,
die ihm Böses tun.
Er kann nicht anders.
Er vertraut auf das Gute im Menschen,
in denen, die es verdienen,
und in denen, die es nicht verdienen.
Er hat keine Angst davor,
ausgenützt oder betrogen zu werden.
Er will dazu beitragen,
dass das Gute auch im bösesten Menschen
an die Oberfläche kommt.
Die Menschen wundern sich über ihn.
Er ist arglos wie ein Kind
und erfahren wie ein Schwertkämpfer.

50. Die Ursehnsucht nach Leben

Es gibt Menschen, die den Tod wollen,
die gänzlich ausgelöscht werden wollen.
Sehr große Enttäuschungen können sie dazu bringen.
Es gibt Menschen, die das Leben bis zum Tod wollen.
Sie freuen sich am Leben
und fügen sich dem Tod.
Es gibt Menschen, die das Leben wollen,
das mit dem Tod nicht endet.
Bei ihnen ist die Ursehnsucht zum Durchbruch gekommen,
die das Leben aller Menschen bewahrt.

Wer aus dieser Ursehnsucht lebt,
kann nicht anders,
als solches Leben für alle Menschen zu wollen
und für die ganze Natur.
Wenn er auf ein Nashorn trifft,
so spürt das das Nashorn und verschont ihn.
Wenn er auf einen Tiger trifft,
so spürt das der Tiger und verschont ihn.
Wer aus dieser Ursehnsucht lebt,
will die freie Entfaltung aller Menschen.
Wenn er auf einen Menschen trifft,
der andere unterdrücken will,
geht dieser gegen ihn vor.

51. Einmalig ist jede Blüte am Baum des Lebens

Alle Dinge kommen aus dem Namenlosen,
aus dem unnennbaren Ursprung.
Auch ihr Kommen ist namenlos und unnennbar.
Trotzdem beschreibt man es. Man sagt:
Es ist ein Hervorkommen.
Es ist ein Zeugen und Gebären.
Es ist ein Formen und Vollenden.

Wenn ein Kind geboren wird,
staunt man und ist dankbar.
Man stellt sich in den Dienst der Urliebe,
nährt das Kind,
beschützt es,
sorgt bei Krankheit für seine Gesundung,
gibt ihm Raum, damit es sich entfalten kann,
gibt ihm Regeln, damit es sich orientieren kann.
Man beherrscht es nicht.
Man hat Ehrfurcht vor seiner Einmaligkeit.

Alles, was entsteht und vergeht,
ist auf seinen Ursprung und sein Urziel hingeordnet.
Jedes Einzelne, das existiert,
ist eine ganz besondere Blüte am Baum des Lebens.

52. Bereite der Liebe einen Weg

Das Universum hat einen Uranfang,
der in die Zeit hinein wirkt.
Zu jedem Zeitpunkt ist er zugegen
und lässt Neues entstehen.
So wirkt das Väterliche zusammen mit dem Mütterlichen unentwegt.
Jeder Mensch ist ihr Kind.
Wer das spürt, ist dankbar.
Jeder Mensch wird davon getragen.
Wer sich selbst umbringt,
wer im Elend umkommt,
ist davon nicht ausgenommen.

Sei immer dabei,
zu segnen und zu heilen,
wenn du allein bist
und wenn du Menschen triffst.
Sei für sie da
und für die Natur.

Schau aufs Detail,
doch verliere das Ganze nicht aus den Augen.
Sei nachgiebig,
doch verliere deine Ziele nicht aus den Augen.
Lass dich durch nichts davon abhalten,
der Liebe einen Weg zu bereiten.

53. Herz und Verstand

Der Verstand soll das Herz nicht verschütten,
sondern sich vom Herzen leiten lassen.
Wer das befolgt,
macht sich selbst und andere glücklich.

Mit allem, was geschieht,
durch Klarheit und Verwirrung hindurch,
entfaltet sich in jedem Leben der große Weg.
Der große Weg ist wie ein großer Fluss,
der unbeirrbar zum Meer findet.
Alle Menschen und alle Begebenheiten verwendet er.
Wer den eigenen Reichtum genießt,
während andere immer ärmer werden,
ist wie ein Stein, der vom Fluss geschoben wird.
Wer den eigenen Reichtum dazu verwendet,
den Menschen neue Möglichkeiten zu erschließen,
ist wie das Wasser im Fluss.

54. Entfalte deine Kraft

Baue kein Luftschloss,
sondern baue auf dem Grund,
den andere vor dir bereitet haben.
Doch baue das Gebäude deines Lebens
auf deine Weise.
Lass dich bei der Gestaltung deines Lebens
vom großen Weg leiten.

Entfalte deine Kraft im Umgang mit dir selbst,
mit deiner Familie,
mit deinen Nachbarn,
mit deinem Land
und mit allem in der Welt.
Entfalte deine Kraft und fördere die Entfaltung anderer,
wo du auch bist.

55. Die Urgeduld wartet auf dich

Vom Urgrund her wird deine Kraft erneuert,
solange du lebst.
Je mehr du die ständige Erneuerung annimmst,
desto mehr arbeitest du mit dem Urgrund zusammen.
Je mehr du vom Urgrund geformt wirst,
desto mehr scheint er durch dich hindurch.
Je mehr du dem Urgrund gegenüber offen bist,
desto mehr ahnst du,
dass dein Leben mit dem Tod nicht endet.

Den Bogen richtig spannen
und mit dem Pfeil genau treffen
heißt, im Glück leben.
Den Bogen überspannen
und mit dem Pfeil irgendwohin schießen
heißt, nicht im Glück leben.
Doch die Urgeduld wartet auf dich.

56. Fühle deine Einheit mit dem All

Es ist die höchste Kunst,
im richtigen Moment zu schweigen
und im richtigen Moment das Treffende zu sagen.
Höre mir nun zu
und fühle mit dem, was ich dir sage:

Geh in Sanftheit nach innen,
lass zu, dass sich die Verwirrungen lösen,
lass zu, dass ein mildes Licht erstrahlt
und alle Teilchen liebkost, aus denen du bestehst.
Du bist diese Teilchen, diese Sanftheit,
dieses Licht und diese Liebkosung.
Fühle deine Einheit mit dem All.
Nichts kann dir diese Einheit nehmen,
kein Festhalten und kein Loslassen,
kein Gewinn und kein Verlust,
keine Verehrung und keine Verachtung.
Ist das nicht schön?

57. Fördere die Entfaltung des Lebens

Gewalt erzeugt immer Gegengewalt.
Es ist besser,
die Fähigkeiten und Wünsche der Menschen
ohne Hintergedanken miteinzubeziehen.

Wenn alle Minderheiten blühen dürfen,
wird der ganze Staat blühen.
Wenn eine Minderheit frei leben darf,
wird sie keinen Umsturz planen.
Doch wie weit ist die Realität davon entfernt!

Wenn alle Staaten blühen dürfen,
wird die ganze Welt blühen.
Wenn in jedem Staat die Korruption erlischt
und die Menschen nicht mehr verarmen,
werden sie nicht mehr flüchten müssen.
Doch wie weit ist die Realität davon entfernt!

Wenn in jedem Gemeinwesen
die Lüge und die Übervorteilung geächtet werden,
werden die Menschen Vertrauen gewinnen
in die Würdenträger und in sich selbst.
Doch wie weit ist die Realität davon entfernt!

Der Weise überlegt nicht, wie viel Einfluss er hat.
Er lebt in Ruhe und Gelassenheit,

im Frieden mit sich selbst und allen Leuten.
Er braucht nur weniges für sich.
Er trägt dazu bei, dass andere nicht zu wenig haben.
Er hemmt die Zerstörung
und fördert die Entfaltung des Lebens.

58. Verstehen und lieben

Wer ein Land sanft, aber bestimmt regiert,
wird die Möglichkeiten der Menschen entfalten.
Wer seine Ziele sanft, aber bestimmt verfolgt,
wird seine Möglichkeiten entfalten.
Wer die Menschen hart an die Kandare nimmt,
wird sie gegen sich aufbringen.
Wer sich hart an die Kandare nimmt,
wird leicht vom Weg abkommen.

Vielleicht bist du enttäuscht worden.
Doch hüte dich davor,
dass Enttäuschung dein Leben bestimmt.
Wenn du immer weiter darauf pochst,
dass du enttäuscht worden bist,
wird die Enttäuschung zur Brille,
die alle Wahrnehmungen verzerrt,
und vielleicht sogar zum Gift,
das dein Leben zerstört.

Vielleicht hat man dich im Stich gelassen.
Doch hüte dich davor,
den Spieß umzudrehen
und nun selbst andere im Stich zu lassen.
Denn dann könnte dein Leben verarmen
und du könntest vereinsamen.

Durchdringe alles mit deinem Verstand
und mit deiner Liebe.
Verstehen ohne zu lieben macht zynisch.

59. Verbinde Himmel und Erde

Leite Menschen an,
dass sie sich entfalten können,
ohne anderen zu schaden.
So dienst du dem Himmel.
Achte auch darauf,
dass du dich selbst entfaltest,
ohne anderen zu schaden.
Verbinde Himmel und Erde.
Trage dazu bei,
dass die Möglichkeiten des Himmels die Erde befruchten.

Das Väterliche macht die Dinge möglich,
das Mütterliche macht sie wirklich.
Wenn du diesen Vorgängen dienst,
sind Himmel und Erde in dir,
und dein Glück ist von Dauer.

60. Der große Weg setzt sich durch

Fische richtig herzurichten und zu braten,
ist eine Kunst.
Man muss das Ganze und jedes Detail im Auge haben.
Ein Land richtig zu regieren,
ist eine Kunst.
Man muss das Ganze und jedes Detail im Auge haben.

Je mehr man beim Regieren des Landes dem großen Weg folgt,
desto mehr Menschen im Land werden dem großen Weg folgen.
Je mehr Menschen im Land dem großen Weg folgen,
desto mehr Ordnung wird herrschen.

Der große Weg setzt sich durch
in jeder Mischung von Ordnung und Unordnung,
von Gutem und Bösem.
Jede Unordnung ist für ihn Ordnung,
alles Böse kann er verwenden.
Auch die Geister der Ahnen greifen ein
und sind in den großen Weg mit eingeschlossen.

61. Jedes Reich soll den Menschen dienen

Ein großes Reich soll ein Sammelbecken sein
für die Vielfalt seiner Völker.
Ein großes Reich soll die Fähigkeit haben,
dass jedes seiner Völker sich gut aufgehoben fühlt.
Und wenn ein Volk nicht beim Reich bleiben will,
dann soll ihm das Reich die Freiheit geben.
Wenn das Reich Gleichschaltung erzwingt,
wird es zerfallen.
Wenn das Reich Autonomie gewährt,
werden die Völker gerne bleiben.
Jedes Reich soll den Menschen dienen.

Eine Religion soll ein Sammelbecken sein
für die Vielfalt aller Schulen,
die sich zu ihrem Gründer bekennen.
Wenn eine Religion Gleichschaltung erzwingt,
folgt die Zersplitterung.
Wenn eine Religion Autonomie gewährt,
folgt die Einheit in der Vielfalt.
Jede Religion soll den Menschen dienen.

Der große Weg benützt alles.
Er benützt Harmonie und Disharmonie,
um das Urziel zu erreichen
und die Ursehnsucht zu erfüllen.

62. Nimm Zuflucht zum Urgrund

Zum Urgrund kann jeder Mensch Zuflucht nehmen.
Der Urgrund bewahrt davor, sich zu verrennen.
Der Urgrund sorgt dafür, dass Schuld vergeben wird.
Wie kann der Urgrund bewahren
und wie kann er sorgen?
Er ist doch nicht menschenähnlich?

Aus dem Urgrund entsteht alles,
was wir uns vorstellen können,
das Väterliche und das Mütterliche,
das Bewahrende und das Sorgende,
das Leben Spendende und das Leben Vollendende.

Lass dich vom Urgrund in den Dienst nehmen.
Dann wirst auch du zum Sorgenden und Bewahrenden.
Und wenn du nichts bewirken kannst, dann bedenke:
Der Urgrund kann alles verwenden.
Bei jedem Verrennen ist er dabei.
Mit jeder Schuld arbeitet er.
Und er macht etwas daraus,
das dem Urziel entspricht.

63. Kleine Schritte führen zu Großem

Wie geht man an große Aufgaben heran?
Widme dich jeder kleinen Aufgabe,
die dir der Urgrund stellt.
Erfülle sie bedingungslos,
so wie du sie verstehst.
Sorge dich nicht um den nächsten Schritt.
Zur gegebenen Zeit wirst du ihn wissen.
Schließlich wirst du eine große Aufgabe vollbracht haben.

Wenn dir jemand hilft,
sei dankbar dafür.
Wenn dich jemand behindert,
sei ebenfalls dankbar dafür.
Denn Hindernisse führen dazu,
dass du dich neu orientierst.

Posaune deine Taten nicht zu früh hinaus,
doch sorge dafür,
dass sie zur rechten Zeit bekannt werden.

64. Wer ist ein Weiser?

Wer ist ein Weiser?
Ist ein Weiser jemand,
der nie gelacht und nie geweint hat,
der nie geliebt und nie gehasst hat,
der nie etwas entschieden hat und nie gehandelt hat?
Nein, so ist es nicht.
Ein Weiser hat das alles getan.
Er hat leben gelernt.
Und wenn er nun sieht,
wie andere leben lernen,
so greift er nicht ein,
doch er ist bedingungslos für sie da,
und wenn es möglich ist,
schafft er fördernde Umstände.
So verhält sich ein weiser Mann.
So verhält sich eine weise Frau.

Du steckst einen Trieb in die Erde
und sorgst für Wasser,
bis ein Baum daraus wird.
Du setzt einen Fuß vor den anderen,
achtest auf das Wetter und hältst Pausen ein,
bis du auf dem Gipfel des Berges stehst.
Du fädelst ein Geschäft ein
und bedenkst, was das Beste für alle Beteiligten ist,
und bleibst vom Anfang bis zum Ende aufmerksam.

Du siehst eine unheilvolle Entwicklung voraus
und machst dich daran, zu warnen
oder eine Alternative zu entwickeln.
So wirst du selbst zum Weisen.

65. Der Urgrund lebt in allem

Der Urgrund lebt in jedem Ding und in jedem Menschen.
Nicht jeder Mensch weiß das.
Nicht jeder Mensch gibt das zu.
Manche Menschen wollen sich nicht stören lassen,
wenn sie Gedankengebäude errichten
oder wenn sie etwas im Leben erreichen wollen
oder wenn sie sich rächen wollen.
Doch letzten Endes ist der Urgrund bei allem dabei,
fädelt er alles ein,
bringt er alles ein.

66. Hass und Schmerz

Wieso fließen alle Ströme ins Meer?
Weil das Meer tiefer liegt als die Ströme.
Wieso findet ein Mensch bei vielen Menschen Gehör?
Da gibt es zwei Möglichkeiten:
Weil er sie blenden kann.
Weil er sie zum Hass anstacheln kann.
Dann schart er Menschen um sich,
die die anderen überwachen.
Oder aber:
Weil er authentisch ist.
Weil er sie zur Liebe befreien kann.
Dann schart er Menschen um sich,
die die anderen fördern.

Hass führt zu Schmerz.
Schmerz führt zu Hass.
Doch dieser Kreislauf läuft sich tot.
Er löst sich auf im Säurebad der Liebe.

67. Mein Weg ist ein Teil des großen Weges

Es gibt meinen Weg
und es gibt den großen Weg.
Ich gehe meinen Weg.
Solange ich nicht wahrhaben will,
dass mein Weg ein Teil des großen Weges ist,
handle ich so, als ob ich getrennt wäre,
getrennt vom großen Weg,
getrennt von den Menschen,
getrennt von der Natur.
Ich bringe dann nicht genug Mitgefühl auf
mit Menschen, Tieren und Pflanzen,
mit Bergen und Gewässern.
Ich bringe dann nicht genug Großzügigkeit auf,
weil ich Angst habe, zu kurz zu kommen.
Ich bringe dann nicht genug Bescheidenheit auf,
weil ich mich für etwas Besseres halte.

Ich gehe meinen Weg
und er ist ein Teil des großen Weges.
Der große Weg verfügt über alle Mittel,
doch wie er sie einsetzt,
weiß ich nicht immer im Vorhinein.
Der große Weg stellt mir Aufgaben
und ich mache sie mir zu eigen.
Ob ich diene oder herrsche,
ich diene dem großen Weg
und seinem unendlichen Mitgefühl.

68. Handle mit anderen und für andere

Ein guter Herrscher vermeidet Kriege.
Wenn Unrecht geschieht,
forscht er nach den Ursachen.
Er sorgt dafür,
dass die Stimmung nicht aufgeheizt wird,
dass der Schrei nach Rache verstummt.
Er achtet darauf,
dass die Gegner miteinander sprechen.
Wenn die Verständigung scheitert
und das Reich angegriffen wird,
bestärkt er den Mut seiner Männer
und ihre Bereitschaft,
die Frauen, die Kinder und das Land zu verteidigen.
Er entscheidet nichts im Alleingang.
Er stimmt sich immer mit anderen ab
und ist immer für andere da.
So wirkt er inspirierend auf alle.
So gehorcht er dem großen Weg.

69. Die Ausbreitung der Liebe in der Welt

Ein guter Herrscher,
der über mehrere Völker herrscht,
kennt keine Angst und keinen Verfolgungswahn.
Er achtet darauf,
dass sich jedes Volk frei entfalten kann
mit seiner Sprache und Kultur.
Ein Volk, dem Autonomie geschenkt wird,
will sich vom Reich nicht trennen,
sondern bereichert das Ganze.

Wer großzügig ist,
wird Großzügigkeit erfahren.
Wer von Herzen lieben kann,
wird Liebe erfahren.
Wer ausgenützt und betrogen worden ist,
wird das nicht glauben wollen.
Wer an dem hängen bleibt,
was ihm Böses angetan worden ist,
was kann der beitragen
zur Ausbreitung der Liebe in der Welt?

70. Das Juwel im Inneren

Ich habe einen Schlüssel gefunden
und er hat mir ein Tor aufgeschlossen:
ein Tor zum Leben, das mit dem Tod nicht endet.
Ich dränge meinen Schlüssel niemandem auf.
Doch ich versuche, die Leute zu inspirieren,
damit jeder Mensch seinen Schlüssel findet,
der ihm ein Tor aufschließt zu seinem besonderen Leben
im Jetzt und über den Tod hinaus.

Ich bilde mir nichts auf mich ein.
Nach außen bin ich unauffällig,
im Inneren berge ich ein Juwel.
Jeder Mensch birgt im Inneren ein Juwel,
und ich übe mich darin,
dem Sichtbarwerden aller Juwelen zu dienen.

71. Das Erkennen kommt nie ans Ende

Man kommt mit dem Erkennen nie ans Ende.
Das, was man weiß, ist stets winzig
im Vergleich zu dem, was man noch nicht weiß.
Wer das weiß, ist gut daran.
Sein Blick ist frei und offen;
die Bürde seiner eigenen Bedeutung
braucht er nicht mitzuschleppen.
Das Erkennen kommt nie ans Ende,
genauso wenig wie das Lieben.

72. Der goldene Weg der Mitte

Das Althergebrachte schätzen
und es nicht in Vergessenheit geraten lassen
und dennoch neue Wege gehen:
das ist der goldene Weg der Mitte.
Den Kindern klare Regeln geben
und gleichzeitig weiten Raum,
in dem sie Erfahrungen machen und Dinge ausprobieren können:
das ist der rechte Weg der Erziehung.
So schreiten die Menschen voran
und lernen sich selbst immer besser kennen
und die Welt dazu.
So wird Lebenstüchtigkeit gewonnen.

73. Das Leben des Gewaltlosen

Viel Mut gehört dazu,
mit Gewalt etwas durchzusetzen.
Noch mehr Mut gehört dazu,
mit Gewaltlosigkeit etwas zu erreichen.
Wer unerschrocken und mit gewaltlosen Mitteln Ziele verfolgt,
die den Menschen nützen und die Natur bewahren,
kann leicht zur Zielscheibe für Gewalttäter werden.
Doch wenn der Gewaltlose umkommt,
so ist das der Humus,
aus dem der Urgrund neue Pflanzen wachsen lässt.
Welche Pflanzen werden es sein?
Lass dich überraschen.

Wer mit dem Urgrund eins ist,
wird Fehler machen, aber nicht versagen.
Er reißt das Kind von der Straße weg,
bevor es die donnernden Hufe der Pferde erfassen können.
Er beaufsichtigt die Schafherde
und spielt auf seiner Flöte die schönsten Melodien.
Er hört nicht auf bösen Tratsch
und sucht das Juwel in jedem Menschen.
Er stellt sich schützend vor den Familienvater;
vielleicht wird dann er vom Pfeil getroffen.

Die Himmelsdecke ist weit ausgebreitet.
Unzählige Sterne sind in sie eingeflochten.
Alles auf der Erde wird von ihr bewahrt.

74. Hinrichtung ist nicht der richtige Weg

Kein Mensch will sterben.
Nur der schwer Enttäuschte, Verbitterte oder Leidende
wünscht sich den Tod herbei.

Verbrecher hinzurichten,
ist nicht der richtige Weg.
Man hat aus dem Tod ein Bild gemacht,
das Bild eines Gerippes mit Sense.
Der Tod ist eine Erscheinungsweise der Urkraft.
Wer jemand hinrichten lässt,
handelt anstelle der Urkraft
und ist nicht mit ihr verbunden.
Er gibt Rachegefühlen Ausdruck
und vermeidet die Einsicht,
dass der Verbrecher ein Mensch ist wie er selbst.
Der Tod ist nicht das letzte Wort der Urkraft.
Die Urkraft ist der Inbegriff des Lebens.

75. Korruption und Elend

Wenn Korruption im Land herrscht,
wenn einige wenige begünstigt werden,
wenn das Geld in trüben Kanälen versickert,
dann hungert das Volk.
Wenn die Menschen zu wenig zum Leben haben
und zu viel zum Sterben,
wenn sie dazu auch noch verspottet werden,
dann kommt es zu einem Aufruhr.
Wenn den Menschen schon alles egal ist,
wenn Krankheiten grassieren,
wenn sie die Kinder nicht mehr durchbringen können,
dann wird die Sehnsucht nach dem Leben zur Todesverachtung.
Wenn die Führenden bereit sind,
mit dem offenen Herzen zu sehen
und nicht nur mit dem zynischen Verstand,
wenn sie nicht nur ihre Pfründe sehen
sondern auch das Elend der Armen,
können sie solche Zustände abwenden.

76. Die Boten der Urliebe

Ein kleiner Mensch ist bei der Geburt so weich und so zart.
Ein alter Mensch ist nach dem Tod so hart und so starr.
Im Frühling kommen die frischen grünen Triebe aus der Erde.
Auch Pflanzen sterben, sie werden trocken und dürr.
So gibt es viele Zeichen des neuen Lebens
und Zeichen des nahen Todes.
Die Weichheit ist einmal ein Zeichen der Lebendigkeit
und ein anderes Mal ein Zeichen der Auflösung.
Die Härte ist einmal ein Zeichen der Durchschlagskraft
und ein anderes Mal ein Zeichen der Erstarrung.
Kein Zeichen taugt dazu,
auf eine Bedeutung festgelegt zu werden.
Jedes Zeichen darf willkommen geheißen werden
als ein Bote der Urliebe,
die die Welt durchwirkt.

77. Der Liebende und der Fordernde

Der Weg des Himmels gleicht dem Spannen des Bogens.
Dabei wird die Spitze des Bogens gesenkt,
das untere Ende des Bogens wird gehoben.
Es ist die Art des Himmels,
dort wegzunehmen, wo Überfluss herrscht,
und dort hinzugeben, wo Mangel vorliegt.

Der Liebende, Hingebende handelt demgemäß.
Er sieht, was er entbehren kann,
und sieht, wo es gebraucht wird.
Anders der Verhärmte, Fordernde.
Wenn er etwas bekommen hat,
möchte er bald darauf etwas anderes.
Es fällt ihm immer schwerer,
gute Beziehungen zu anderen Menschen zu haben.

Darum wende ich die folgende Regel an:
Wenn ich etwas Abgrenzendes
oder gar etwas Ausgrenzendes in mir finde,
dann gebe ich es dem Himmel hin
und bitte darum, dass es in etwas Liebendes verwandelt wird.

78. Fließe wie das Wasser

Willst du nicht fließen wie das Wasser?
Weich und nachgiebig, jede Spalte füllend?
Tollkühn in sprühenden Kaskaden?
In feinen Tröpfchen am Himmel den Regenbogen erzeugend?
So wirkt das Wasser mit der Sonne zusammen.
Das Wasser verbindet sich mit vielem.
Mit dem Mühlrad treibt es die Mühle an.
Mit den haarfeinen Wurzeln ernährt es die Pflanzen.
Es ist das Element der Fische und Krebse,
doch auch das Element des Menschen,
wenn er im Bauch der Mutter heranreift.
Das Wasser ist sehr beweglich
und doch kompakt und fest.
Das spürst du,
wenn du aus großer Höhe ins Wasser fällst.

Sei fest wie das Wasser,
denn Festigkeit ist deine Basis.
Sei beweglich wie das Wasser,
denn Beweglichkeit macht dich gelöst und frei.
Fließe wie das Wasser,
bis du einmündest in das Meer der Unvergänglichkeit.

79. Der Liebende und der Argwöhnische

Man schließt einen Vertrag
und nachher streitet man darüber,
denn jeder legt die Worte anders aus.
Der Liebende erfüllt seine Seite des Vertrages,
ob der Partner nun die andere Seite erfüllt oder nicht.
Der Argwöhnische wartet darauf,
dass der Partner die andere Seite erfüllt,
vorher tut er nichts.
Der Liebende ist in gewisser Hinsicht sorgenfrei.
Er hat keine Angst, dass er zu kurz kommt.
Da er sich so verhält,
kann er in manchem Argwöhnischen Vertrauen wecken.
Der Liebende macht sich nach und nach die Art des Himmels zu eigen.

80. Schaffe Gleichgewicht

Das Leben wird immer komplexer.
Muss man bei allem mittun?
Muss man ständig mit dem Wagen fahren
und keinen Schritt mehr zu Fuß gehen?
Muss man ständig Maschinen verwenden
und kein einfaches Werkzeug mehr in die Hand nehmen?
Muss man sich bis zu den Zähnen bewaffnen
und hohe Mauern um sein Anwesen errichten?

Wie die Menschen miteinander umgehen
und wie die Völker miteinander umgehen,
da ist vieles im Ungleichgewicht.
Schaffe Gleichgewicht, wo Ungleichgewicht herrscht.
Pflanze einen Baum, wo einer fehlt.
Feiere ein Fest, wo man sich langweilt.
Sei ein Beispiel für Menschen,
denen die Orientierung fehlt.
Geh mit ihnen durch dick und dünn
den Weg zum Leben, das mit dem Tod nicht endet.

81. Die ungeschminkte Wahrheit

Wenn alle Masken gefallen sind,
wenn alle Sichtweisen aufgegeben sind,
wenn alle Vorlieben abgetan sind,
wenn der Durst nach Liebe gestillt ist,
wenn der Hunger nach Leben gesättigt ist,
wenn nur noch vier Worte übrig geblieben sind,
nämlich die Worte „Ja, es ist gut“,
dann wird die Nähe zur Quelle erfahren
und die ungeschminkte Wahrheit.

Wer die Quelle erfährt
als die Quelle der grenzenlosen Liebe,
der ist sanft und genau.
Er setzt seine Hände für andere ein,
indem er arbeitet und indem er schenkt.
Er wird dabei nicht müde, sondern frisch.
Er wird dadurch nicht arm, sondern reich.

82. Der Nutzen dieses Buches

Wenig Nutzen bringt es,
Ursprung und Ziel und Weg
nach diesem Buch zu verstehen
und danach zu handeln.
Viel Nutzen bringt es,
deinen Ursprung, dein Ziel und deinen Weg zu leben,
bis der Nutzen verschwindet
und die Selbstverständlichkeit erscheint.

Gedichte im Geist des Daodejing

krähen
am spätherbsthimmel
schwarz
im hellgrauen licht

bäume
von blättern entblößt
reglos
in kalter luft

ahhhhh
ein erfrischender atemzug

6. 12. 1982

morgennebel
der unterschied
zwischen haufenwolke
und blauem himmel
verschwimmt

gelbe sonne
verströmt ihre strahlen
menschen gehen
in gegenlicht
und zartem dunst

und irgendetwas
zwischen himmel
und wolke
und nebel
und sonne
und menschen
und allem

verbindet alles
mit mir

13. 1. 1984

Weißliches Licht
der verschleierten Sonne
über der weißlichen Landschaft,
leichter Nebel
über dem Märzschnee.
Und die Konturen
der kahlen Bäume
nicht klar erkennbar.

In diesen Tagen
ist die Welt in Schwebe.
Doch der Anbruch des Frühlings
ist gewiss.

3. 3. 1986

Die Blätter
der Pappel
vor meinem Fenster:
Soeben noch grün,
nun fast schwarz
gegen den zartblauen
Abendhimmel.
Ihre Bewegung
im Wind
ist wie der rasche
Flügelschlag
kleiner Vögel.

14. 10. 1986

Vor meinem Fenster
zieht ein Vogel
schwebend
einen Bogen,
getragen
vom Wind
und vom All.

8. 11. 1986

Sagst du mir:
Du bist so und so,
antworte ich:
Ich bin ein Narr.

Sagst du mir:
Du bist ein Narr,
antworte ich:
Ich bin aber Liebe.

2. 9. 1991

Da steht ein Narr
mit leeren Händen.
Er verteilt Wind,
von den Federn der Vögel genommen.

28. 3. 1992

Wirklichkeit
ist nicht Worte.
Worte
sind nicht Wirklichkeit.
Sieh da!
Ein grüngoldener Rosenkäfer
vor meiner Tür.

20. 7. 1994

Schäferwölkchen
vor zartblauem Himmel.
Die untergehende Sonne
verströmt sich in sie
und lässt sie leuchten
an diesem Silvestertag.
So verströmt sich die Zeit
bis zur Neige.
Die Sanduhr
wird umgedreht.
Das Leben
verzweigt sich
in immerwährender Fülle.
Die Liebe
verschenkt sich
mit niemals endender Kraft.

31. 12. 1994

Ein ungewöhnliches Glücksgefühl
ist in mir erwacht.
Es ist aufgestiegen
aus der Traurigkeit
wie der Phönix
aus der Asche.
Es ist verbunden
mit der Tiefe,
dem Urgrund von allem.
Es ist das Glücksgefühl des Narren,
der immer wieder
auf die Erde kommt
und verwandelt,
doch unversehrt hervorgeht.

25. 3. 1995

sonnengeburt
aus dem nebel
lichtgesättigtes
urmeer
zeugend neugeboren
eins mit dem unsagbaren
weltkraft
ungebunden
kindliches spiel
strahlen brechen sich
am weißen dunst
regenbogen

1. 2. 1996

daogeschmack
auf der zunge
dao
auf der haut
dao
durchwirkt
das fleisch
und die knochen
dao
in der hand
die hand
ist mit leere
gefüllt
dao
auf dem dach
der glanz
ist im grünspan
verborgen

3. 2. 1996

seelische
schmerzen
chaotisch
werden
im dao
gelöscht
feuriges
wasser
brüllende
löwen
mit elfenzähnen

3. 2. 1996

zartes licht
der nebelsonne
schneefelder
schmelzender glanz
himmel
und erde
durchmischt
klares geheimnis
dao

10. 2. 1996

wasser quillt
zwischen steinen hervor
bildet einen
wasserfall
leben
aus dem nichts

30. 6. 2002

"Dai dô mu mon
Der große Weg

Der große Weg ist immer frei,
doch abhold wählerischer Willkür.
Nur wo man weder hasst noch liebt,
ist Klarheit offen und wolkenlos."

Philosophie von Laotse,
gepredigt von Mu mon Ekai
(Zen-Mönch, 1183 - 1260).

3. 11. 2002

wu wei
wenn
du dei
i mei
jeder sei
sach
ins reine bringt
dann lasst
das elend nach

8. 11. 2003

ein stück himmel
auf die erde bringen
und ein stück erde
dem himmel darbringen:
das ist der lebenszweck
von allen menschen

28. 9. 2004

das wasser fließt nach unten
einmal donnernd
einmal still
sei bereit
mitzufließen
bis du dich auflöst
das wasser
fließt weiter

das feuer brennt nach oben
einmal rasend
einmal sanft
sei bereit
mitzubrennen
bis du verbrennst
das feuer
brennt weiter

feuer
und wasser
sind eins

Nach: Zhuangzi
Das Geheimnis des Wachstums

4. 9. 2014

feenmärchen lesend
während der abend immer näher kommt
seh ich den mond am himmel
neben der sonne
die erst noch weiß
dann blutrot strahlt
und schließlich untergeht
seh ich den mond am himmel
dessen leuchten
mehr und mehr
den abend dominiert
seh ich sein leuchten
und am dachfirst
einen grauen vogel
der die nacht begrüßt

9. 4. 2017

Nachwort

1. Im Zendo der Existentialpsychologischen Bildungs- und Begegnungsstätte in Todtmoos-Rütte habe ich im Dezember 1981 die folgenden Worte abgeschrieben:

   „Leben und Tod – das wichtigste Anliegen, um das es uns geht. Die Zeit darf man nicht verschwenden. Welches Glück, als Menschen geboren zu sein – aber schwer ist es, Buddhas Lehre wahrhaftig zu vernehmen."

2. „Gate Gate Paragate Parasamgate
   Bodhi Swaha Bodhi Swaha"

   „Gegangen, gegangen, jenseits gegangen,
   gänzlich jenseits gegangen,
   oh welch ein Erwachen!"

   Schluss des Herz-Sutras

Über den Autor

Werner Krotz, Jahrgang 1941, wurde in Wien geboren. Bereits während seines Studiums an der Universität Wien, welches er mit Dr. phil. abschloss, lernte er die Bedeutungen der Worte infrage zu stellen.

Seine schriftstellerischen Tätigkeiten umfassen Lyrik und Kurzprosa, Dramatik und Drehbuch, Bearbeitungen von Texten der Bibel und des Daodejing und Sachbücher zu einer neuen Theologie und Weltsicht. Genaueres kann auf seiner Website www.wernerkrotz.net nachgelesen werden.

Er ist Vater von vier erwachsenen Kindern und lebt zusammen mit seiner Frau in der Nähe von Wien.

Lyrik von Werner Krotz

(zum selben Thema)

Blätter des Dao - Gedichte zum Daodejing

132 Seiten, tao.de 2018

Fische können nur im Wasser leben.
Menschen können nur in der Liebe leben.

Zeitfracht Medien GmbH
Ferdinand-Jühlke-Straße 7
99095 Erfurt, Deutschland
produktsicherheit@kolibri360.de